SUN 59372091193303

WITHDRAWN

WORN, SOILED, OBSOLETE

D1773267

Mi vida como pionero

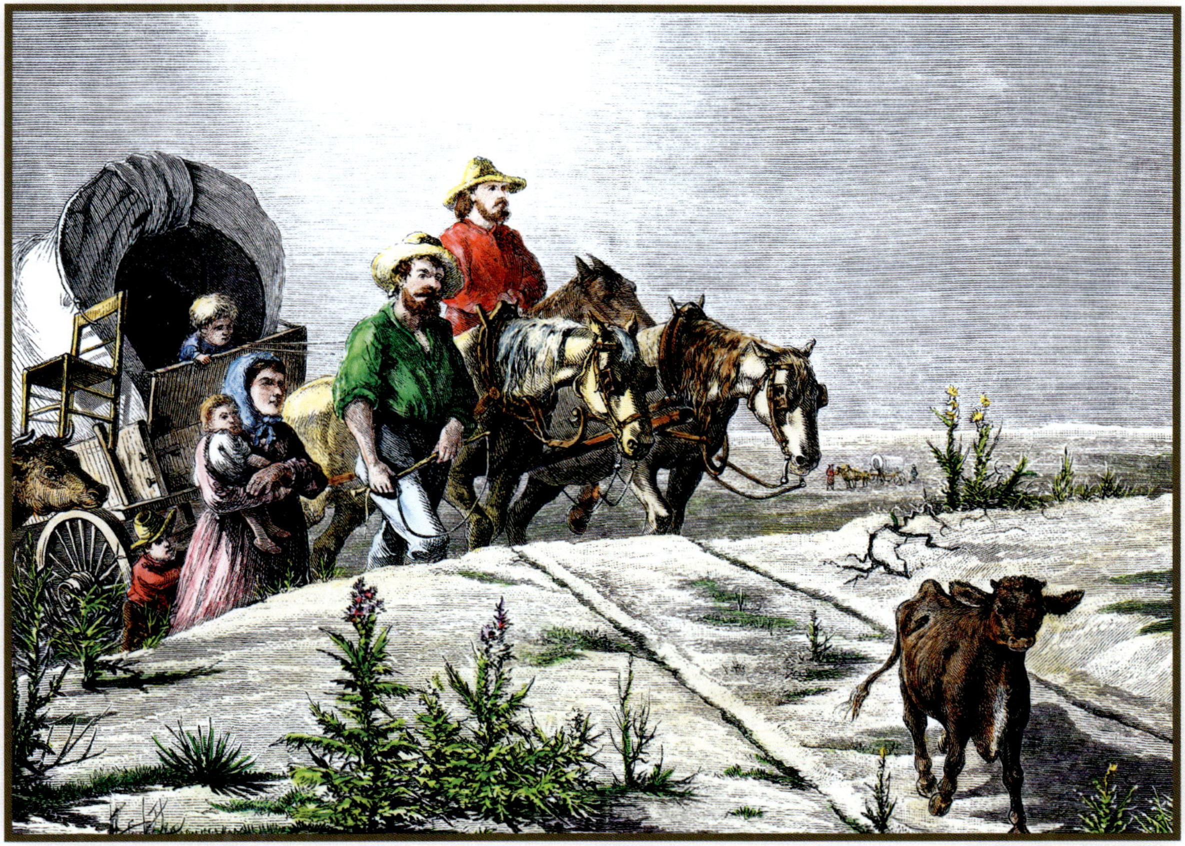

Ann H. Matzke

rourkeeducationalmedia.com

Scan for Related Titles and Teacher Resources

© 2015 Rourke Educational Media

All rights reserved. No part of this book may be reproduced or utilized in any form or by any means, electronic or mechanical including photocopying, recording, or by any information storage and retrieval system without permission in writing from the publisher.

www.rourkeeducationalmedia.com

PHOTO CREDITS: All Images Courtesy of North Wind Picture Archives: www.northwindpictures.com

Edited by: Precious McKenzie
Traducido y editado por Danay Rodríguez

Cover design by: Tara Raymo
Interior design by: Renee Brady

Library of Congress PCN Data

Mi vida como pionero / Ann H. Matzke
(El Pequeño Mundo de Estudios Sociales)
ISBN 978-1-61810-147-1 (hard cover - english)(alk. paper)
ISBN 978-1-61810-280-5 (soft cover - english)
ISBN 978-1-61810-405-2 (e-Book - english)
ISBN 978-1-63430-139-8 (hard cover - spanish)
ISBN 978-1-63430-165-7 (soft cover - spanish)
ISBN 978-1-63430-191-6 (e-Book - spanish)
Library of Congress Control Number: 2014953700

Rourke Educational Media
Printed in the United States of America,
North Mankato, Minnesota

rourkeeducationalmedia.com
customerservice@rourkeeducationalmedia.com • PO Box 643328 Vero Beach, Florida 32964

¡Vagones! **¡Pioneros!** Nos despedimos de los amigos y viajamos hacia el Oeste en busca de un nuevo hogar.

En Independence, Misuri, nos unimos a una **ruta terrestre**.

Datos de los Pioneros

Los pueblos cerca de donde comenzaba la ruta fueron llamados lugares de partida, donde los pioneros compraban vagones y suministros para el viaje.

Datos de los Pioneros

Ropa, edredones, vajillas, herramientas, linternas, muebles y 2,000 libras (907.18 kg) de alimentos se empaquetaban en una carreta.

Empacábamos nuestros suministros en una carreta cubierta llamada **goleta de pradera**. Cuatro bueyes tiraban de nuestra carreta.

Sin espacio para montar en el interior del vagón, caminábamos por la ruta de diez a veinte millas (16.903 a 32.186 km) al día.

Datos de los Pioneros

Era un viaje de 2,000 millas (3,220 kilómetros) a través de los Estados Unidos y demoraba de cinco a seis meses en completarse.

A lo largo de la ruta vimos animales nuevos como el **búfalo**. Los **nativos americanos** a veces nos ayudaban en nuestro viaje.

Viajábamos durante todo el día. Al atardecer nos deteníamos a desempacar la carreta, buscar agua y recoger leña para una fogata.

Después de la cena había música de violín, juegos y cuentos antes de preparar nuestras camas y dormir.

El mal tiempo, los accidentes o las enfermedades podían detener una carreta durante días.

Los **puntos de referencia** nos guiaban por el camino.

Datos de los Pioneros

"Chimney Rock", en el oeste de Nebraska, es una espiral de piedra arenisca que se puede ver a 40 millas (64.373 kilómetros) de distancia y marca el final de la pradera y el comienzo de la región de las Montañas Rocosas.

Después de muchos meses difíciles en la ruta, llegamos a una nueva tierra, listos para comenzar una nueva vida.

Glosario Ilustrado

 **búfalo**: Un animal con piel gruesa y cuernos pesados, también llamado bisonte, que vagaba en grandes manadas por las Grandes Llanuras.

 **goleta de pradera**: Una carreta grande de superficie plana que tiene una cubierta de lona blanca impermeable.

 **nativos americanos:** Los pueblos originarios que vivían en América del Norte.

 **pioneros:** Las primeras personas en trasladarse y establecerse en un territorio desconocido.

 **puntos de referencia:** Objetos en un paisaje que se pueden ver desde muy lejos y que se utilizan para guiar a los viajeros.

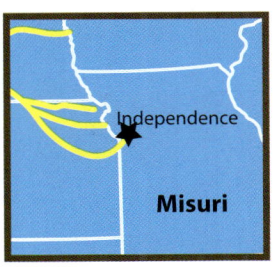 **rutas terrestres:** Los pioneros siguieron caminos hacia el Oeste, los cuales se conocen como las rutas de Oregón, California y de los mormones.

Índice

búfalo   10
Chimney Rock   18
ruta   4, 5, 8, 10, 20

suministros   5, 6
vagón cubierto   6
viaje   5, 8, 10

Sitios Web

www.nps.gov/oreg/historyculture/index.htm

www.historyglobe.com

www.indepmo.org/nftm

Acerca del Autor

Ann H. Matzke es una bibliotecaria para niños. Ella tiene una Maestría en Escritura para Niños y Jóvenes de la Universidad de Hamline. Ann vive con su familia cerca de las rutas de Oregón y de los mormones en Gothenburg, Nebraska. A ella le gusta leer y escribir libros para niños.